WEEKLY WR READER®
EARLY LEARNING LIBRARY

Estados de la materia

Gases

por Jim Mezzanotte

Consultora de lectura: Susan Nations, M.Ed., autora/tutora de alfabetización/consultora

Consultora de ciencias y contenido curricular: Debra Voege, M.A., maestra de recursos curriculares de ciencias y matemáticas

Please visit our web site at: www.garethstevens.com
For a free color catalog describing Weekly Reader® Early Learning Library's list
of high-quality books, call 1-877-445-5824 (USA) or 1-800-387-3178 (Canada).
Weekly Reader® Early Learning Library's fax: (414) 336-0164.

Library of Congress Cataloging-in-Publication Data available upon request from publisher.
Fax (414) 336-0157 for the attention of the Publishing Records Department.

ISBN-10: 0-8368-7403-X – ISBN-13: 978-0-8368-7403-7 (lib. bdg.)
ISBN-10: 0-8368-7408-0 – ISBN-13: 978-0-8368-7408-2 (softcover)

This edition first published in 2007 by
Weekly Reader® Early Learning Library
A Member of the WRC Media Family of Companies
330 West Olive Street, Suite 100
Milwaukee, WI 53212 USA

Editor: Gini Holland
Art direction: Tammy West
Cover design and page layout: Charlie Dahl
Picture research: Diane Laska-Swanke
Translation: Tatiana Acosta and Guillermo Gutiérrez

Picture credits: Cover, title, © Royalty-Free/CORBIS; pp. 5, 8, 11, 18 Melissa Valuch/© Weekly
Reader Early Learning Library; p. 6 © Adam Jones/Visuals Unlimited; pp. 9, 21 © Spencer
Grant/PhotoEdit; p. 12 © Bill Aron/PhotoEdit; p. 13 © Deb Yeske/Visuals Unlimited; p. 14
© Theowulf Maehl/Zefa/CORBIS; p. 15 © David Wrobel/Visuals Unlimited; p. 16 © Jeff
Greenberg/PhotoEdit; p. 19 © Dave Spier/Visuals Unlimited; p. 20 © Cleo Photography/PhotoEdit

Printed in the United States of America

1 2 3 4 5 6 7 8 9 10 09 08 07 06

Contenido

Cubierta y portada: Muchas cocinas usan llamas de gas para preparar la comida.

Capítulo uno
Los gases nos rodean

Los gases son una forma de la materia. ¿Sabes lo que es la materia? Es todo lo que te rodea. Es cualquier cosa que ocupa espacio y tiene peso. Las montañas y los océanos son materia. También lo es el aire que respiramos. Las plantas y los animales son materia. Las personas también lo somos. Casi todo lo que existe en el universo es materia.

La materia puede tener diferentes formas, o estados. Puede ser un **sólido** o un **líquido**. También puede ser un gas. Puedes ver los sólidos y los líquidos, pero no puedes ver la mayoría de los gases.

La materia se compone de muchas partes diminutas llamadas
moléculas. En los sólidos y los líquidos, las moléculas están
juntas. En los gases no lo están. En los gases, las moléculas
vuelan libremente. Incluso chocan unas con otras.

¿Cómo puedes guardar un gas? Tienes que meterlo en un
recipiente. Un gas siempre se **expande**, o se extiende, hasta
llenar el recipiente en el que se encuentra. Si hay una abertura,
el gas sale. El gas se expande en todas las direcciones.

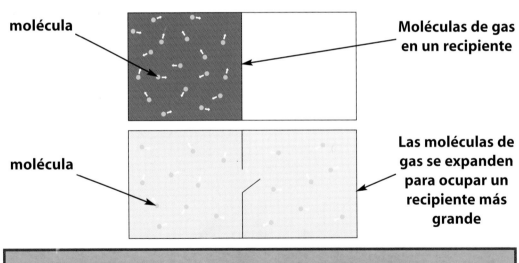

molécula — Moléculas de gas en un recipiente

molécula — Las moléculas de gas se expanden para ocupar un recipiente más grande

Las moléculas de gas se mueven en todas las direcciones. Siempre
se expanden.

Los gases están en todas partes. ¿Has sentido alguna vez la brisa? Es el movimiento del aire. El aire es una mezcla de diferentes gases. Para sobrevivir, necesitamos aire. ¡Los gases son útiles por muchas razones!

En un día ventoso, puedes ver cómo las plantas se doblan con el viento. Eso te demuestra que el aire está en movimiento. El aire está formado por gases.

Capítulo dos

Las propiedades de los gases

Hay muchos gases diferentes. ¿Cómo podemos describirlos?
A las maneras de describirlos las llamamos **propiedades**.

Todos los gases tienen peso. El peso es una propiedad de
los gases.

El aire es un gas. El aire tiene peso. ¿Cómo podemos pesar
el aire?

PRUEBA ESTO: Busca una pelota de fútbol. Sácale el aire y pésala. Después, llénala de aire y pésala de nuevo. Ahora la pelota pesa más. Tiene más aire. El aire pesa.

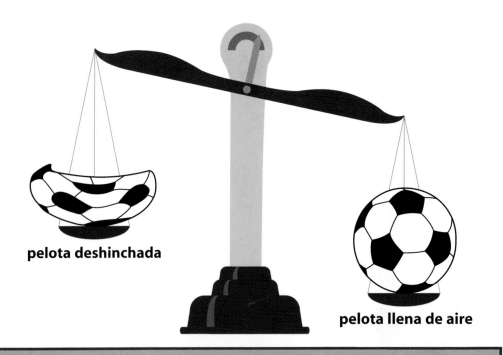

pelota deshinchada

pelota llena de aire

La pelota deshinchada tiene menos aire que la pelota hinchada, por eso pesa menos.

Un gas puede tener **volumen**. El volumen es el espacio que ocupa. Es posible medir el volumen. Un recipiente pequeño tiene menos volumen. Un recipiente grande tiene un volumen mayor.

¿Qué ocurre dentro del recipiente? Las moléculas chocan constantemente. Ese movimiento crea una **presión**. La presión es el gas que trata de salir.

Cuando inflas un globo, le das más presión.

9

Capítulo tres

Cambios y mezclas

¿Qué pasaría si continuaras metiendo aire en un balón? Después de un rato, el balón ya no puede aumentar más de tamaño. Por lo tanto, su volumen no puede cambiar. ¿Cómo es posible que entre más aire?

Estás **comprimiendo** el aire. Pones más moléculas en el mismo espacio. Las moléculas chocan con más frecuencia. Por lo tanto, la presión es mayor.

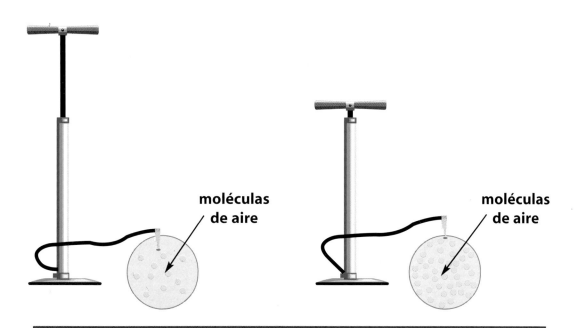

moléculas
de aire

moléculas
de aire

La pelota de la derecha tiene más moléculas de aire en el mismo espacio. En la pelota de la derecha hay más presión que en la pelota de la izquierda.

El calor hace que un gas se expanda. ¿Qué ocurre si el gas está dentro de un recipiente? El recipiente no puede aumentar de tamaño. El volumen no cambia. Lo que cambia es la presión. La presión aumenta.

En una olla a presión, el aire no puede salir. Cuando la temperatura aumenta, también aumenta la presión. La alta presión hace que la comida se haga muy deprisa en una olla de este tipo.

El calor hace que el líquido se evapore, es decir, que se convierta en gas. Después de una tormenta, los charcos de agua parecen desaparecer. El sol los calienta, y se convierten en gas. Este gas recibe el nombre de **vapor** de agua. No puedes verlo, pero está en el aire.

El sol calentó los charcos en esta acera. Después de un rato, los charcos se evaporaron.

Estas hojas de hierba están cubiertas de gotas de rocío. El rocío es vapor de agua que se ha convertido en líquido.

El frío hace que el gas se **condense**, es decir, que se convierta en líquido. ¿Alguna vez has visto el rocío por la mañana? Durante la noche, el vapor de agua que hay en el aire se enfrió. Se convirtió en pequeñas gotas de agua. Algunos gases tienen que enfriarse mucho para condensarse.

Las burbujas de una bebida tienen gas. Es dióxido de carbono.

Los gases pueden mezclarse. El aire es una mezcla de gases. Tiene oxígeno. Tiene dióxido de carbono. Tiene también otros gases.

Un gas también se puede mezclar con un líquido. El aire se mezcla con el agua. Los peces toman aire con sus agallas.

¿Alguna vez has visto burbujas en una bebida gaseosa? La bebida está mezclada con gas. Parte del gas no se mezcla. Está en las burbujas.

También los sólidos se pueden mezclar con gases. ¿Alguna vez has visto óxido en una bicicleta o en un auto? El óxido es metal, agua y el gas oxígeno.

Las zonas rojas de este auto son óxido. Es un gas mezclado con un sólido y un líquido.

Capítulo cuatro

Gases en acción

Los gases son importantes por muchas razones. El oxígeno es un gas. Nosotros respiramos oxígeno. Lo necesitamos para vivir.

El dióxido de carbono es un gas. Exhalamos dióxido de carbono. El dióxido de carbono es venenoso para nosotros, pero las plantas lo necesitan para vivir. Las plantas producen más oxígeno, que nosotros respiramos.

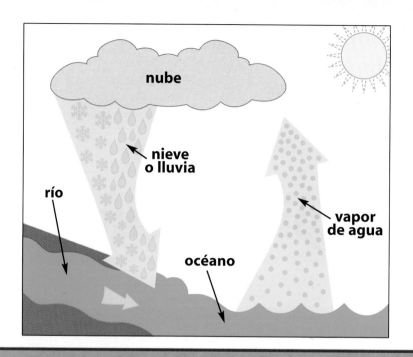

El ciclo del agua de la Tierra nunca cesa. Durante parte del ciclo, el agua líquida se convierte en vapor de agua.

Un gas es parte del **ciclo** del agua. En toda la Tierra, el agua se evapora. Se convierte en vapor de agua, que es un gas. El sol calienta el vapor, y éste sube. En el cielo, se enfría y se condensa. Forma nubes. Lluvia y nieve caen de las nubes.

¿Cómo se hace un fuego? Necesitas oxígeno. Debes calentar oxígeno y un combustible, como la madera. Así se forma un gas en combustión, ¡la llama!

Cuando la madera y el oxígeno se calientan mucho, crean el fuego.

Gracias al gas podemos percibir olores. Un olor es, en realidad, un gas. Se expande por el aire hasta llegar a la nariz.

También podemos oír gracias al gas. ¿Qué pasa si golpeas un tambor? Eso hace que se muevan moléculas de aire. Esas moléculas hacen que se muevan otras moléculas de aire. El aire en movimiento llega al interior de tu oído.

Las moléculas de gas de las flores se desplazan por el aire. Cuando acercas la nariz, ¡puedes oler las flores!

Algunos gases son más ligeros que otros. Pesan menos. El helio es un gas. El helio es más ligero que el aire. El helio puede hacer que un globo flote en el aire.

Vayas donde vayas, hay gases en acción. ¡Los gases son una parte muy importante de nuestro mundo!

Estos globos están llenos del gas helio. Este gas es más ligero que el aire, y por eso los globos flotan.

21

Glosario

ciclo — serie de cosas que ocurren una y otra vez, en el mismo orden

comprimir — hacer que las moléculas de la materia estén más juntas

condensar — convertirse un gas en un líquido

expandirse — ocupar más espacio

líquido — una de las formas de la materia. Un líquido no tiene forma propia, sino que toma la forma del recipiente que lo contiene

moléculas — partes diminutas de materia. Una molécula es la unión de dos o más átomos. Los átomos son los elementos básicos de la materia

peso — medida de la fuerza de la gravedad sobre un objeto

presión — fuerza de algo que empuja sobre otra cosa. Un gas presiona contra el interior del recipiente que lo contiene

propiedades — maneras de describir algo. Volumen y masa son dos de las propiedades de un gas

recipiente — algo que puede usarse para guardar cosas. Un recipiente debe estar completamente cerrado para guardar un gas

sólido — una de las formas de la materia. Un sólido tiene forma propia. Esta forma puede cambiarse, pero un sólido no cambia de forma por sí mismo

vapor — algo que está en forma de gas

volumen — espacio que ocupa un gas en un recipiente, o cantidad de gas

Más información

Libros

¿Adonde van los globos perdidos? /Where Do Lost Balloons Go?
   Ellen Sandhaus. (Paul Sandhaus Associates, Inc.)

El agua como gas /Water As a Gas. Helen Frost. (Capstone Press)

Dime por qué es mojada la lluvia. Los Estupendos Whiz
   Kids (series). Shirley Willis. (Franklin Watts)

Experimente con el aire. Experiment With (series). Brian Murphy.
   (Two –Can Publishers)

Índice

Información sobre el autor

Jim Mezzanotte ha escrito muchos libros para niños. Jim vive en Milwaukee con su esposa y sus dos hijos.